もめない遺産相続、失敗しない遺言

杉村政昭

ワニブックス
|PLUS|新書

はじめに

超高齢社会を迎えた我が国は、二〇二四年現在六五歳以上の高齢者が約三六〇〇万人と、総人口（約一億二三〇〇万人）に占める割合は二九・三%と過去最多・最高となりました。

高齢者にとっての関心事は複数ありますが、なかでも「財産管理」は大きな問題です。安心できる財産管理とは何でしょうか。高齢者の相談を主業務としてきた私は次の二点が肝要だと考えます。

第一は高齢者の相続が発生した場合に、相続人[※1]のあいだでの争いを未然に防ぐこと。そのためには「遺言書の作成」が必要です。現在、遺言公正証書[※2]は、一年間で約二万人の方により作成されています。一年間に約一五〇万人が死亡していること、同様に約二万人の相続人が遺産分割協議[※3]が整わず家庭裁判所に調停[※4]、審判[※5]の申し立てを行っていることから考えると、もっと多くの高齢者に「遺言書を作成する」ことの大切さを理解していただく必要があると思います。

　第二は高齢者が判断能力のあるうちに自分の財産管理・身上監護等を自ら選んだ人（任意後見人）と契約を締結し、判断能力が低下した時点で、任意後見人の保護を受けるという「任意後見制度」の利用が必要だということです。これは高齢者が認知症になった場合に備えた制度といえますが、施行されて二〇年が経ったいまでも利用者が少ないのが現実です。

　遺言というと、高齢者が考えるべきことという思い込みが、多くの方々にあるような気がしてなりません。じつは遺言書は満一五歳から書くことができるのです。今日では、若いうちに起業する、あるいは若いころから投資などで多額の金融資産を持つという人も増えています。

　かつて私が知るケースでは、三〇代の多額の資産を持つ男性が亡くなり、身寄りがなかったことから、その資産はすべて国庫に入れられることになった、というものがあります。もし、彼に支援したい知人や団体があり、その人や団体に遺贈・寄付するという正当な遺言書が遺されていれば、その資産は彼の望むような使い方をされたのだろうにと、思ったことを覚えています。

つまり、遺言は高齢者だけではなくあらゆる世代の人間にとって、人生を締めくくるうえでの、残される人々への大切なメッセージなのです。

遺言書の作成や任意後見人との契約には、普段の生活では思いもよらないことや馴染みの薄い法律の話が大きく関係してくるのですが、「知らなかった」や「何もやってなかった」では覆水盆に返らず、事後対処はできません。本書は財産管理（遺言や任意後見人等）に関する、よくある疑問を挙げ、回答したものです。是非、本書をご自分の財産管理に役立てていただき、これからの人生を充実させ、相続人のあいだでの争いを回避する一助になれば幸いです。

令和七（二〇二五）年二月

杉村政昭

※1　相続人……財産を承継する人のこと
※2　遺言公正証書……公証役場の公証人が作成する遺言書
※3　遺産分割協議……遺産全体の共有関係を解消し、個々の遺産を各相続人に帰属させる話し合い。相続人全員で行う（Q50参照）。
※4　調停……簡易裁判所などで行われる一般の「民事調停」と家庭裁判所で行われる「家事調停」がある
※5　審判……判決と同じく、審判官が決定する裁判のこと

第二章　遺留分について

第三章　遺言執行者について

第四章 相続について

第一章　遺言について

Q1 遺言と遺書の違いについて教えてください。

A

遺言は民法で規定されており、法的効力があります。
一方遺書は死を覚悟して認《したた》める手紙（文書）です。

Q2 遺言が法的効力をもつのはどういう事項か教えてください。

A

遺言の効力は、遺言者の死亡のときから生じ、それによって死後の法律関係が定まります。ただし、遺言の記載事項のすべてに法的に有効な効力が生じるわけではなく、法的効力が生じるのは、民法に定めているおもに次の一二種類です（できることなら民法の条文も確認してください）。

1．相続に関する事項

①共同相続人※1の相続分の指定、または第三者への指定の委託法定相続分※2とは違った相続分を指定することができます。また自分で相続分を指定しない

で第三者に指定を委託することもできます（相続分の指定の委託）。

②遺産の分割方法の指定、または遺産の分割禁止――遺産を相続人の誰に取得させるのかを具体的に定めることができます。

また五年を超えない期限を上限として遺産を分割することを禁止することもできます。

③推定相続人の廃除、または廃除の取り消し――廃除とは遺留分[※3]をもつ推定相続人（Q17参照）が被相続人[※4]に対して、虐待をしたり、重大な侮辱を加えた場合や、法定相続人（Q17参照）にその他の著しい非行があった場合に、家庭裁判所に請求して相続権を奪う制度です。

生前行為によってすることもできますが、遺言によってすることもできます。

※1　共同相続人……相続が開始したあと、遺産を複数の相続人が一緒に相続して

いる状態を、共同相続という。共同相続人とは、その場合の相続人のこと

※2　委託法定相続分……民法は各相続人の一応の相続分を定めており、これを「法定相続分」という。ただし、遺言事項として法定相続分と異なる相続分を指定した場合には、その指定による相続分が優先される。このほか、「相続分の指定の委託」といって、相続分の指定を第三者に委託するという内容を遺言事項とすることもできる。この場合、委託を受ける第三者は、相続と利害関係を有しない者でなければならず、相続人や包括受遺者はこの委託を受けることができない

※3　遺留分……一定の相続人のために、法律上最低限留保されなければならない遺産の一定割合のこと

※4　被相続人……死亡した人のこと

2. その他の財産処分に関する事項

④遺贈――遺贈とは遺言によって遺産の全部または一部を、無償または負担を付して譲渡することです。遺贈には包括遺贈[※5]と特定遺贈[※6]があります。

⑤生命保険の保険金受取人の変更――保険金受取人の指定もしくは変更は遺

言によってもすることができます。

⑥一般財団法人を設立する意思の表示——財団法人を設立するためには寄付行為が必要となり、その寄付行為は遺言によってすることができます。遺言で寄付行為をする場合は、遺贈に関する規定が準用されることになります。

⑦信託の設定——信託とは、受託者に対して財産権の移転等をし、受託者は受益者のために信託財産の管理、または処分をする制度です。おもに生前にされることが多いですが、遺言によってもすることができます。

※5　包括遺贈……個々の財産を特定しないで、財産の全部または一部を包括的に遺贈するもの

※6　特定遺贈……不動産、預貯金等特定の財産を与える方法のこと

3. 身分上の事項

⑧認知――非嫡出子《ひちゃくしゅつし》※7について、父親が「この子※8は自分の子である」と認めることを認知といいます。

認知により父親と非嫡出子の法律上の親子関係が生じます。

認知は生前にすることもできますが、遺言でもすることができます。

⑨未成年後見人※9、未成年後見監督人※10の指定――未成年に対して親権を行う者がいなくなってしまった場合、その未成年者について未成年後見人が選任されますが、その指定をすることができます。

未成年後見人の指定は遺言でのみなしうる行為です。

※7　非嫡出子……婚姻関係にない男女のあいだに生まれた子（嫡出子は婚姻関係にある夫婦のあいだに生まれた子）

※8　子……被相続人の子であれば、実子か養子か嫡出子か非嫡出子かにかかわらず、すべて相続人となる

※9　未成年後見人……未成年者（未成年被後見人）の法定代理人
※10　未成年後見監督人……後見人が未成年者に対してきちんと財産管理や身上監護等を行っているのかを監督する者

4. 遺言執行[※11]に関する事項

⑩遺言執行者[※12]の指定、または第三者への指定の委託――遺言の内容を実現するために一定の行為を必要とするものがありますが、これを行う職務権限をもつ者のことを遺言執行者といいます。
遺言執行者は遺言で指定、または第三者への指定の委託がされていない場合には、利害関係人[※13]の申し立てによって家庭裁判所で選任されます。

※11　遺言執行……遺言者が死亡した場合、遺言の内容を実現するための手続のこと
※12　遺言執行者……相続財産の管理そのほか遺言執行に必要な一切の行為をなす権利義務を有する者のこと

※13　利害関係人……相続財産の帰属について、法律上の利害関係を有する者

⑪特別受益の持ち戻しの免除――遺贈[※14]や生前贈与をした場合に、それを考慮して法定相続分[※15]が修正されますが、遺言で遺贈や生前贈与したものを相続財産に算入しない意思表示をすることができます。

⑫祭祀[※16]を主宰すべき者の指定――相続財産とは別に、系譜[※17]、祭具[※18]、墳《ふん》墓《ぼ》の所有権については、祖先の祭祀を主宰すべき者が承継します。その承継者については遺言によっても指定することができます。

※14　遺贈……遺言により、特定の財産または財産の一定割合を、特定の相続人または特定の人に与えること

※15　法定相続分……民法で定められた法定相続人が受け取る相続財産の分割のこと

※16　祭祀……神や先祖をお祭りする儀式

※17　系譜……先祖から子孫に至る一族代々の繋がり。師弟関係などの繋がり。また、それを書き表した図や記録

※18　祭具……庭内神し《ていないしん》（屋敷内にある神の社や祠《ほこら》等といった神体を祀り日常礼拝の用に供しているもの）、神棚、神体、神具、仏壇、位牌《いはい》、仏像、仏具、古墳等で日常礼拝の用に供しているものをいう。商品、骨董品または投資の対象として所有するものはこれに含まれない

Q3 遺言能力について教えてください。

A

遺言は遺言者の死によってその効力が生じます。

遺言者本人の権利利益の保護を、通常の利益行為の場合と同等に考慮する必要は少ないと考えます。

したがって、満一五歳に達していれば未成年者や成年被後見人であっても有効な遺言書を書くことができます。

ただし成年被後見人が遺言書を書くときには、事理弁識能力[※1]を回復している必要があり、医師ふたり以上の立会いが必要です。

※1　事理弁識能力……自分の行為の結果を理解し、判断できる能力のこと。民法では一般的に七歳から一〇歳程度の知的判断能力を目安にしている

Q4 自筆証書遺言[※1]を書く場合に必要なことを教えてください。

A

遺言者がその全文、日付、氏名を自書し、これに押印します。押印は実印[※2]でも認印でもよいです。

また、財産目録[※3]についてはパソコン等で記してもよくなりました（民法九六八条）。

※1　自筆証書遺言……遺言者が遺言の全文、日付、および氏名を自書し、署名のあと捺印して作成する遺言方式のこと

※2　実印……住民登録をしている市区町村の役所や役場に、自身の名前を彫刻したハンコを登録申請し、受理された印鑑のこと

※3　財産目録……一定の時点において保有している財産を一覧にした書類。プラスの財産（預貯金、不動産など）とマイナスの財産（ローンなど）を区分や種類ごとに記載し、財産の状況を明らかにしたもの

Q5 自筆証書遺言の保管方法について教えてください。

A

遺産について何の利害関係もない公的な立場にある人（たとえば弁護士）に自筆証書遺言（Q４参照）の保管を託したり、銀行の貸金庫に保管する方法がありますが、手続が煩雑です。

また、信頼できる相続人に依頼する方法もあります。

Q6 自筆証書遺言の書式について教えてください。

A

次のページの図表6－1を参照してください。

図表6－1　遺言書の例

遺言書

遺言書　市川太郎は次のとおり遺言する。……（注1）

第１条　下記の不動産を妻　市川花子に相続させる。……（注2）

１．土地
所在
地番
地目
地積
２．建物
所在
家屋番号
種類
構造
床　面積
……（注3）

第２条　下記の預貯金を遺言者の長男　市川一郎に相続させる。
１．○○銀行○○支店の預金
２．１以外の預貯金
……（注4）

第３条　第１条及び第２条記載以外のすべての財産を遺言者の長女　秋元奈々に相続させる。……（注5）

令和　　年　　月　　日……（注６）
遺言者　市川　太郎　㊞……（注７）

（注１）自書する。
（注２）「相続させる」と書く。
（注３）「登記事項証明書」または「権利証」等から書く。
（注４）金額は記入しない。
（注５）すべての財産を対象とする。
（注６）日付を書く。
（注７）氏名を書く。印を押す。
（注８）封筒に入れる。

（注８）

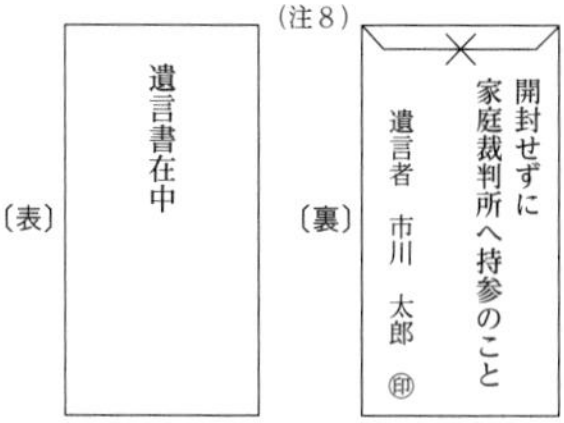
〔表〕
遺言書在中
〔裏〕
開封せずに家庭裁判所へ持参のこと
遺言者　市川　太郎　㊞

Q7 つねに相続人になれる人は誰ですか。

A

被相続人（Q２参照）の配偶者[※1]はつねに相続人になれます（民法八九〇条）。

※１　配偶者……相続権のある配偶者とは、婚姻届の出されている配偶者を指し、内縁関係の者には相続権はない

Q8 民法の定める遺言書の種類について教えてください。

A

次のページの図表8－1を参照してください。公正証書遺言[※1]と自筆証書遺言（Q4参照）が一般的です。

※1　公正証書遺言……公証役場へ行くか、公証人に来てもらって公証人に作成してもらう遺言のこと

※2　検認……遺言書が偽造や変造されないよう家庭裁判所がとる証拠保全手続のこと

※3　公証人……判事、検事、法務局長、弁護士等を永年勤めた人のなかから、学識ならびに人格の高い人を法務大臣が任命する

図表8－1　遺言方式の種類

方式	区分	種類	証人または立会人	書く人	署名・押印	日付	家裁の検認※2
普通方式		自筆証書	不要	本人	本人	年月日	必要
		公正証書	証人ふたり以上	公証人※3が口述筆記	本人・証人・公証人	年月日	不要
		秘密証書	公証人ひとり、証人ふたりに遺言書提出	誰でもよい	本人・証人・公証人	年月日	必要
特別方式	危急時遺言	一般の場合	証人三人以上	証人のひとりが口述筆記	各証人	年月日	必要
		遭難船の中	証人ふたり以上	証人のひとりが口述筆記	各証人	年月日	必要
	隔絶地遺言	伝染病のとき	警官ひとり・証人ひとり以上	誰でもよい	本人・筆記者・証人	年月日	不要
		船の中	本人・筆記者・証人	誰でもよい	本人・筆記者・証人	年月日	不要

Q9

夫婦が共同で同一の証書で遺言を書いても有効ですか。

A

民法九七五条に〈遺言は、二人以上の者が同一の証書ですることができない〉と定められています。

これは法的な権利関係が不安定、不明確になることを防ぐためです。

これを「共同遺言の禁止」と呼んでいます。

したがって、夫婦が共同で同一の証書で遺言を書くと無効となります。

別々の証書で同一内容の遺言をすることはまったく問題ありません。

Q10 遺言書を作成すればどのような利点がありますか。

A

遺言がないと遺産の相続は民法の定めに従った法定相続となるので、相続人が全員で協議して分割することになります。

この遺産分割協議（「はじめに」参照）は、相続人同士の関係が良好でない場合、紛争を招くおそれがあります。

このことから、残された家族のことを配慮しつつ愛情をもって財産の配分を決め、トラブルを予防することができるのが遺言の大きな利点といえます。

具体的な利点は次のとおりです。

①法定相続とは異なる配分ができる

②法定相続人以外の者に遺贈ができる
③遺産の具体的な配分方法が指定できる
④遺言はいつでも取り消し、書き直しができる
⑤遺言執行者（Ｑ２参照）を指定することにより、遺言内容が確実に実現できる

Q 11

遺言がとくに必要なケースについて教えてください。

A

法定相続による遺産分けでは自分（被相続人）の意にそぐわない場合が多々あります。

遺言をすることにより、被相続人の意思は法律が確実に実現してくれます。したがって、相続人やお世話になった人（内縁の妻等）が自分の死後、平穏に生活していくことが可能になります。

とくに、次のような場合には、是非、遺言書の作成をおすすめします。

1．子供がいない場合（すでに自分の両親も死んでいる場合）――遺言を作成しないまま自分が死ぬと、自分の兄弟姉妹にも相続権が生じます。

遺言があればすべての遺産を妻（あるいは夫）に残すことが可能です。兄弟姉妹には遺留分（Q2参照）はありません。

2. 内縁の妻や認知したい子供がいる場合——正式に結婚していない者や認知されていない子供には、民法では相続権が認められていないので、遺言がなければ財産を残すことができません。

3. 先妻の子供と後妻の子供がいる場合——異母きょうだいは互いに快く思っていないケースが多く、相続でもめる可能性があります。それを避けるため、遺言でそれぞれの相続分を決めることができます。

4. 亡くなった息子の妻の世話になっている場合——亡くなった息子の妻には相続権はありませんが、長年にわたり介護等の世話をしてくれたことに対する感謝の気持ちを示す方法として、遺言により遺産の一部を残すことができます。

5．財産を社会に役立てたいと考えている場合——自分の死後、財産を社会に役立てたいと考えている場合、遺言によりその意思を実現することができます。

6．相続人がいない場合——相続人がまったくいない場合、その財産は国庫に帰属することになりますが、遺言により世話になった知人などに財産を残すことができます。

Q12 遺言がない場合は、遺産はどうなりますか。

A

遺言がない場合は、民法で定められた相続の割合（法定相続分）により配分されることになります。

法定相続分は図表12－1のように定められています。

※1　直系尊属……実父母、養父母、祖父母等のこと

図表12－1　法定相続分の詳細

相続人	相続分
配偶者のみ	全部
子（または孫）のみ	全部（子の数で均等割り）
直系尊属※1 （父母または祖父母）のみ	全部
兄弟姉妹 （または甥・姪）のみ	全部
配偶者と子（または孫）	配偶者1/2・ 子（または孫）1/2
配偶者と直系尊属	配偶者2/3・ 直系尊属　1/3
配偶者と兄弟姉妹 （または甥姪）	配偶者3/4・ 兄弟姉妹（または甥・姪）1/4

Q13 法定相続人の範囲と順位について教えてください。

A

遺産を引き継ぐことのできる人を法定相続人といい、民法でその範囲と順位が定められています。

法定相続人の範囲と順位は、図表13－1のとおりです。

※1　全血、半血……半血兄弟とは、父または母どちらか一方のみを同じくする兄弟姉妹を指す。たとえば、被相続人に先妻と後妻がいて、それぞれに子が二名いる場合、先妻の子と後妻の子は半血兄弟となる。一方で、全血兄弟は父・母の両方を同じとする兄弟姉妹のこと。半血兄弟の相続分は全血兄弟の相続分の二分の一になる（民法九〇〇条参照）。

図表13－1　法定相続人の範囲と順位

<table>
<tr><td colspan="2">配偶者</td><td>配偶者はつねに他の相続人と同順位で、法定相続分の遺産を相続できます</td></tr>
<tr><td rowspan="3">血族</td><td>子
（第一順位）</td><td>性別・出生の順序・既婚・未婚・実子・養子・嫡出・非嫡出の区別なく同順位です</td></tr>
<tr><td>直系尊属
（Q12参照）
（第二順位）</td><td>実親・養親・父系・母系の区別なく同順位です</td></tr>
<tr><td>兄弟姉妹
（第三順位）</td><td>半血、全血[※1]の区別なく同順位です</td></tr>
</table>

Q 14

相続人になれるのはどんな人ですか。教えてください。

A

図表14－1のとおりです。

図表14－1　相続人になれる人

子	実子はもちろん養子も含まれます
直系尊属（父母・祖父母）	祖父母は父母が死亡しているときに相続人となります
配偶者	法律上、婚姻届を出した夫または妻は、どんな場合にも相続人となります
胎児（出生すれば相続人となれる胎内の子）	民法はすでに生まれている子と同様に扱います。なお、その胎児が死んで生まれた場合には、その相続はなかったものとなります

Q 15

自筆の遺言書を発見した場合、どのような手続をとる必要がありますか。

A

民法では〈封印のある遺言書は、家庭裁判所において相続人またはその代理人の立会いがなければ開封することができない〉（一〇〇四条）と規定されており、封印された遺言書は相続人であっても開封することはできません。

自筆の遺言書を保管していた人、またはこれを発見した人は相続開始後、すみやかにこれを家庭裁判所に提出して、その検認（Q８参照）手続を請求する必要があります。

検認手続とは、遺言書の偽造、変造を防ぎ遺言書を確実に保存するための証拠保全の手続です。遺言内容の有効・無効を決める手続ではありません。

民法の定めに反して封印のある自筆の遺言書を勝手に開封してしまった場合でも、遺言書が無効となるわけではないので、すみやかに家庭裁判所で検認手続をしてください。

検認手続が終了しないと、実際上、遺言執行（不動産登記や預貯金・株式等の名義変更〔Q2参照〕）ができませんので、遺言内容が実現できません。

なお、公正証書遺言（Q8参照）の場合は、検認手続は不要です。

また、封印のない遺言書は開封してもかまいませんが、検認手続を省略することはできません。

Q16 自筆証書遺言書保管制度について教えてください。

A

令和二（二〇二〇）年、自筆証書遺言書保管制度がスタートしました。この制度は、自筆で作成した遺言書を法務局に保管するものです。おもなメリットは次のとおりです。

・遺言書の紛失、亡失、改ざんのおそれがなくなります。
・法務局職員が民法の定める遺言の方式について外形的な確認を行います。
・家庭裁判所の検認手続が不要となります。
・遺言者の死亡後、相続人などに遺言書が保管されていることを通知します。

なお、保管申請は以下のものを持参し、遺言者が法務局に出向く必要があります。

遺言書・申請書・本籍の記載のある住民票の写し（作成後三ヶ月以内）・顔写真入りの身分証明書（マイナンバーカード、運転免許証など）・手数料三九〇〇円など

Q 17 推定相続人と法定相続人との違いについて教えてください。

A

推定相続人とは現時点で財産の相続権があると推定される人のことです。

一方、法定相続人とは、相続発生後に財産の相続権を実際にもった人のことです。

Q18 自筆証書遺言の訂正の仕方について教えてください。

A

民法には自筆証書遺言の作成方式が決められています。

全文、日付、氏名を自書し、これに押印することが規定され、また訂正の仕方についても定められています。

民法で定めている訂正の仕方は、まず変更した箇所を示し、変更した旨を付記して署名、さらに変更した箇所に押印します（訂正が生じた場合は、新たに遺言書を作成したほうが無難です）。

自筆証書遺言の文面上で加除訂正する場合の書き方は次のページの図表18－1のとおりです。

図表18－1　自筆証書遺言の加除訂正

遺言書

遺言者　甲野太郎は次のとおり遺言する。

1．長女　陽子に別紙一の不動産を相続させる。

①

2．長男　一郎に別紙二の~~株式~~を相続させる。

預貯金 ㊞ ③

②

④

上記のうち2．の箇所を二字削除し、三字加入した。

甲野太郎

令和七年二月十日

遺言者　甲野太郎 ㊞

訂正の仕方

①訂正したい箇所に二重線を引く。

②二重線の真上または真下に訂正の内容を記載する。

③訂正した付近に押印する。

④遺言書の末尾などに、どこをどのように訂正したかを指示し、署名する。

Q19 遺言に葬式の方法を指定したり、香典を辞退する意思を記したりした場合、これは有効ですか。

A

遺言書のなかで葬儀方法を指定しても、遺族を拘束する法律上の効力は生じません。

また、香典は遺族ないし葬儀の主宰者への贈与だと解されますので、遺言書のなかで辞退する旨を書いても、遺族に法的拘束力を及ぼすことはできません。

遺言のうち、法的効力を有する事項については、民法で限定的に決められていますが（Q2参照）、このなかには葬式の方法等は入っていません。

しかし、法的に意味がないことであっても、たとえば、死後も相続人同士仲良くするようにという旨の条項は、遺産分割協議を円滑に進めるうえで、役に立つ場合があります。

なお、法的に意味がないことを書いても、遺言全体が無効になることはありません。

Q20 遺言書に記載されていない財産は、どのように相続されますか。

A

遺言の効力は、あくまで遺言書に記載した財産に対してのみ及びます。

それ以外の財産は法定相続により分配されることになります。したがって、遺言書に記載されていない財産は、遺産分割協議を行い、相続人のあいだで合意のうえ、分配されることになります。

そういうこともあるので、遺言書を作成する際には、なるべく全財産を対象とするようにしたほうがいいです。

Q21 入院中の重病人が遺言する場合の留意点を教えてください。

A

自筆証書遺言（Q4参照）は、本人が全文自書する必要があります（財産目録はパソコン等で記すことも可能です）。そのため、重病人による自筆証書遺言は、近親者に手伝ってもらって作成したのではないかとか、近親者が偽造・変造したのではないかなどの疑いを招くことがあります。また、遺言書作成時、正常な意思能力[※1]があったかどうかについても問題にされやすいので、重病人による自筆証書遺言はあまりおすすめできません。

これに対して公正証書遺言（Q8参照）の場合、本人が病気で入院しているときは、公証人（Q8参照）が病院へ出張し、証人ふたりの立会いのうえで本人の意思を確認し、遺言書を作成してくれます。手続面、内容面等であとから問題を起こすこともないので、おすすめします。

なお、本人が重症の場合、あとで遺言能力について疑いを抱かせることのないよう、担当医師から遺言書作成当時、正常な意思能力を有していた旨の診断書をもらっておくとよいでしょう。

※1　意思能力……自分の行為の結果を理解し、判断できる能力のこと。民法では、一般的に七歳から一〇歳程度の知的判断能力を目安としている

Q22 公正証書遺言を作成する場合に、公証人に支払う手数料について教えてください

A

次ページの図表22－1のとおりです。
詳しく算出する場合には、公証役場に確認をしてください。

図表22－1　公正証書遺言作成時、公証人の手数料

遺産の金額・内容	公証人の手数料
100万円まで	5,000円
200万円まで	7,000円
500万円まで	11,000円
1,000万円まで	17,000円
3,000万円まで	23,000円
5,000万円まで	29,000円
1億円まで	43,000円
3億円まで	43,000円に超過額5,000万円までごとに13,000円を加算する
(以下省略)	

注１　手数料は遺産をもらう相続人・受遺者（Q39参照）ごとに計算します。

注２　遺産の合計が1億円以下の場合には、上記により算定した金額に11,000円を加算します。

Q23

自筆証書遺言で「財産については長男に任せる」という文言は問題がありますか。

A

問題あります。

昭和六一（一九八六）年の高等裁判所の判例では、「任せる」という文言は、委ねて自由にさせることを意味するに過ぎず、与えるという意味を含んでいないとして、財産の遺贈を認めておりません。

したがって、「財産については長男に相続させる」などと明確に書く必要があります。

Q24 予備的遺言[※1]を書きたいのですが、教えてください。

A

次ページの図表24-1のとおりです。

※1　予備的遺言……相続人や受遺者が遺言者より先に死亡した場合や相続人が相続を放棄した場合などに備えて、財産を相続させる者や受遺者をあらかじめ定めておく遺言のこと

図表24－1　予備的遺言の例

遺言書

遺言者は、全財産を妻　陽子(昭和●年●月●日生)に相続させる。

但し、妻　陽子が遺言者の死亡以前に死亡した場合は、同人に相続させるとした財産は、妻の妹　乙野花子に遺贈する。

令和●年●月●日

遺言者　甲野太郎　印

注１　上記遺言では、但し書きの文言がない場合、妻が死亡した時点で無効となる。したがって再度、遺言者は妻の妹に遺贈する旨の遺言書を作成する必要がある。

注２　しかし、上記遺言のような但し書きの文言（予備的遺言という）を記せば、妻の死亡時点で再度遺言書を作成する必要はない。

注３　相続人の場合には「相続させる」と書き、相続人でない受遺者の場合は「遺贈する」と書く。

Q25 遺言書の付言事項について教えてください。

A

付言事項は、遺言書に記載するメッセージであり、法的効力はありません。

付言事項に書く内容はおもに次の三つです。

①感謝の言葉
②財産の分け方の理由
③遺留分のこと

①感謝の言葉について

家族への感謝の言葉です。

たとえば、「家族とともに楽しい人生を過ごしてきました。ありがとうございました。これからも、みんな仲良く過ごしてください」等です。

②財産の分け方の理由について

たとえば、「長男に長女より財産を多く残しますが、これは長男夫婦と同居して、色々世話をしてもらったためです。長女には、そのことを十分に理解してもらい、決して争いごとを起こさないでください」等です。

③遺留分のことについて

遺留分は法律上、最低限残される権利ですから、付言事項で「遺留分の請求をしないように」と書いても、相続人はそれに拘束されません。

しかし、遺言者の気持ちが伝われば、相続人は遺留分の請求をしないかもしれませんので、付言事項に遺留分に関する遺言者の意向とその理由を丁寧に書くことは大切だと思います。

Q 26

死亡した長男の妻に遺贈する遺言の仕方を教えてください。

A

①長男の妻には相続権がないので、財産を贈りたいときには、遺言が必要となります（次ページの図表26－1参照）。

②子供の妻に財産を残す方法のひとつとして、養子縁組をする方法もあります。

図表26－1　死亡した長男の妻に遺贈する遺言の例

遺言書

甲野太郎は、次のとおり遺言する。

1．遺言者の亡き長男　甲野一郎の妻　甲野よし子は、一郎の死後も長年にわたり遺言者夫婦の世話をしてくれた。
とくに病身の遺言者の妻　花子の介護をしてくれたことを深く感謝している。

2．上記苦労に報いるため、遺言者の次の財産を甲野よし子に遺贈する。
●●銀行●●支店の預金債権全部

3．上記以外の財産を遺言者の次男　甲野二郎と三男甲野三郎にそれぞれ二分の一ずつ相続させる。

4．この遺言の遺言執行者に次の者を指定する

住所
職業
氏名
生年月日

令和●年●月●日

遺言者　　甲野太郎　印

Q 27

ペットの世話を頼みたい場合の遺言の仕方を教えてください。

A

次ページの図表27-1を確認してください。

この遺言は負担付遺贈[※1]となります。

遺贈を受けたにもかかわらず、受遺者が負担を履行しないときは、相続人や遺言執行者は、相当の期間を定めて履行の請求をすることができます。

※1　負担付遺贈……受遺者が遺贈を受けるのと引き換えに、その受遺者に一定の義務を負担させること

図表27－1　負担付遺贈の遺言書の例

遺言書

遺言者　甲野陽子は次のとおり遺言する。

1．遺言者　所有の次の財産を知人　西野よし子（住所●●●●●、生年月日　●●●●年●月●日）に遺贈する。

ただし、同人は遺言者の愛犬ロクを同人の愛犬と同様に大切に飼育し、死後は手厚く葬ること。

遺贈する財産

●●銀行●●支店の預金債権のすべて

2．遺言者は次の者を本遺言の遺言執行者に指定する。

住所

職業

氏名

生年月日

令和●年●月●日

遺言者　　甲野陽子　印

Q 28

遺言書を作成しましたが問題点はありますか。教えてください

A

次ページの図表28－1のあとに、注を記しましたので、確認してください。

図表28－1　遺言書の例

遺言書

甲野太郎は次のとおり遺言する。

第1条　自宅を妻　陽子に与えます。①

第2条　郵便局にある貯金1,000万円を②
長女　花子に相続させる。

第3条　●●銀行にある預金800万円を長男一郎
と次男　二郎にそれぞれ400万円ずつ
相続させる。③

第4条　第1条から第3条記載以外のすべての財産
を妻　陽子に相続させる。④

第5条　付言事項⑤
私　甲野太郎亡きあとも家族全員が仲良く
過ごしてください。

令和6年12月吉日⑥

遺言者　甲野太郎　印⑦

①「与えます」の文言でなく「相続させる」と書きます。

②貯金一〇〇〇万円は将来金額が変更になる可能性があります（出し入れがあったりして、八〇〇万円になったり一二〇〇万円になったりします）から、金額を書かないほうがよいです。「貯金を長女に相続させる」と書きましょう。

③預金八〇〇万円も②と同じく、変更になる可能性があります。この場合は「預金を長男一郎に二分の一、次男二郎に二分の一」と分数で書きましょう（それであれば、金額が変更になっても問題が生じません）。

④この遺言書例の第4条の文言は、必ず書いたほうがいいです。もし、この条文を記していないと、ほかの財産が見つかった場合やほかの財産を新たに購入した場合、遺言で触れていないので相続人全員による遺産分割協議書を作成することになり、面倒です。

⑤付言事項には法的効力はありませんが、円満な相続にするには必要だと考えます。

⑥「吉日」と書いた遺言書は無効となります。日付を必ず記してください。
⑦印は実印・認印ともに有効です。

Q 29 遺言書がないと困ることはありますか。

A

次の四点が考えられます。

1. 世話になった人や団体などに寄付できません。
2. 基本的に、民法で決めた方法で分配されることになります（遺言があれば自分で分配方法を決められます）。
3. 遺産分割協議を相続人全員で行って、分割の割合を決める必要があります（遺言があれば、遺産分割協議は不要です）。
4. 相続手続に必要な書類が多くなります。

以上のことから、遺言書を書くことをおすすめしています。

Q30

銀行の貸金庫に遺言書を保管してもよいですか。

A

遺言書が入っている貸金庫を開けるために、金融機関所定の用紙に相続人全員の実印を押して、印鑑証明書[※1]を提出しなければなりません。

また、簡単に相続人全員が貸金庫を開けることに同意するとは限りません。じつは貸金庫を開ける手続は大変なのです。したがって、貸金庫に遺言書を保管することは避けたほうがいいでしょう。

※1　印鑑証明書……市区町村の役所に登録された印鑑（実印）が、本人のものであることを公的に証明する書類のこと

Q31 遺言関連の裁判例を教えてください。

A

以下のような例があります。

1. 遺言能力と遺言の有効性について（東京地方裁判所　平成一六（二〇〇四）年七月七日判決）。

遺言能力とは「遺言者が遺言内容を具体的に決定し、その法律効果を弁識するのに必要な判断能力」をいいます。

この裁判では、遺言者が遺言書を書いた際、認知症を発症していたため、遺言能力を欠く程度の症状か否かが争われました。最終的には「遺言能力に欠けていた」との判断が下されました。

基準として、一般的には①遺言時の遺言者の心身の状況　②遺言内容　③遺言の動機・理由・経緯等を踏まえて、総合的に判断されます。

やはり遺言書は遺言能力がしっかりあるうちに作成する必要があります。

2. 自筆証書遺言（Q４参照）に押印する印鑑は実印である必要はなく、本人のものであるとわかれば、拇印《ぼいん》でもいいとされました（最高裁判所　平成元（一九八九）年六月二三日）。

3. 遺言者が葉書で「マンションは相続人Aにやりたいと思っている」と書いてAに送っていた。この葉書は遺言として有効か否か（東京高等裁判所　令和元（二〇一九）年七月一一日）。

葉書には遺言者の氏名・日付・拇印が押してありました。Aはこの葉書は有効な自筆証書遺言であるとして、マンションの取得を主張しましたが、無効と判決されました。

理由としては「Aに取得させたいという希望を超えるものではなく、Aに相続させるという確定的・最終的な意思表示であると断定するには、合理的な疑いがある」としています。

Q32 「令和六年一二月吉日」と記載された遺言は有効ですか。また、「還暦の日」と記載された遺言は有効ですか。

A

「令和六年一二月吉日」と記載された遺言は無効です。一方、「還暦の日」と記載された遺言は有効です。

二通以上の遺言が現れた場合、相続者の真意は日付のあとのほうの遺言を優先させるものと解されますから、あとの日付の遺言が有効となります。

したがって、日付の記載は、遺言の有効・無効を決するうえで極めて重要です。

そのため、日付は明確に一義的に特定できるものでなければなりません。

そうすると、還暦の日（誕生日）は、一義的に特定できますから、有効な遺言となります。

一方、吉日というのは同月中に複数ありますから、一義的に特定できません。
したがって無効となります。

第二章　遺留分について

Q33 遺留分侵害額請求について教えてください。

A

遺留分（Q2参照）侵害額請求とは、遺留分を侵害された相続人が侵害者に対して遺留分を金銭で返してもらう手続です。

遺留分侵害額請求権は、遺留分を侵害された法定相続人がもつ権利で、請求の対象や順序は法律で定められています。

遺留分侵害額請求には時効があり、遺留分を侵害された事実を知ってから一年以内に請求する必要があります。

また、相続開始から一〇年経過すると、遺留分侵害額を請求できなくなります。

遺留分侵害額請求の手続は次のとおりです。

1. 遺留分を侵害した相手に対して「遺留分を侵害された」旨の意思表示をします。後日の証拠とするために、内容証明郵便[※1]で出すとよいでしょう。
2. 相手方と交渉が決裂したときは、家庭裁判所へ「遺留分侵害額の請求調停」を申し立てます。
3. 調停（「はじめに」参照）でも話し合いがまとまらないときは、訴訟になります。

※1　内容証明郵便……郵便局が差出人や宛先、内容、差出日を証明する郵便サービスのこと

Q34 遺留分の放棄について教えてください。

A

遺留分の放棄は被相続人が生きているあいだはもちろん、亡くなったあとでもできます。

①被相続人が生きているあいだ

家庭裁判所の許可を得る必要があります。

・被相続人の住所地を管轄する家庭裁判所に「遺留分放棄の許可の申立」を行います。

・家庭裁判所から「照会書（回答書）」が届くので、その回答を提出します。

・家庭裁判所で審問期日が通知され、審問期日に家庭裁判所に出頭します。
・裁判官と面談を行い、遺留分放棄の申し立てに至った事情や相続財産の状況などについて、口頭での説明を求められます。
・裁判官が申立書の内容および審問期日での説明を踏まえて、遺留分放棄の許可の有無を判断します。

②被相続人が亡くなったあと

遺留分を放棄するのに家庭裁判所の許可は不要です。遺留分を放棄する意思表示のみで足り、遺留分放棄の念書を書いて手元に保管しておけば法的に有効です。

Q35 遺留分の放棄と相続放棄の違いについて教えてください。

A

遺留分の放棄は、被相続人の生前でも死後でもできます。

一方、相続放棄は、法定相続人が相続人としての地位を放棄することです。初めから相続人ではなかったことになるので、資産や負債など一切を相続しません。また、生前の相続放棄はできません。

相続放棄は、相続開始後、三ヶ月以内に家庭裁判所に相続放棄の申述をする必要があります。ただ、やむを得ない事情がある場合には、家庭裁判所に期間延長を申し立てることもできます。許可が出て延長される期間は一ヶ月から三ヶ月が一般的です。

第三章　遺言執行者について

Q36 遺言執行者について教えてください。

A

遺言執行者とは、遺言者の意思を実現するために、遺言の内容を執行する人のことです。

遺言執行者の役割は次のとおりです。

・遺言者の財産を管理する。
・遺言書の内容を相続人に通知する。
・財産目録（Ｑ４参照）を作成する。
・預貯金の解約や不動産、株式の名義変更などの手続を行う。
・遺言執行に必要な訴訟を行う。

なお、遺言執行者の費用は案件によりますが、弁護士に依頼する場合の相場は三〇万円～一〇〇万円です（事前に確認する必要があります）。遺言執行者になるには、とくに資格は必要ありません。

遺言執行者と相続人が同一人物であっても、法律上の問題はありません（遺言執行者には、遺言の効力発生時点において未成年者または破産者[※1]に該当する者以外であれば、誰でもなれます）。

※1　破産者……裁判所から「破産手続開始決定」を受けた債務者のこと

Q37 遺言信託について教えてください。

A

信託銀行などの金融機関が、遺言書の作成や保管・相続に関する手続をサポートするサービスです。

遺言者（委託者）が指定した財産（信託財産）を信頼できる個人や法人（受託者）に管理、給付、処分をしてもらう旨を規定します。

なお、家族信託とは、財産を信頼できる家族に託し、その家族に財産管理や処分を任せる仕組みです。

財産保有者（委託者）が特定の者（受託者）に財産を託し、受託者がその目的に沿って財産を管理、運用、処分をします。

Q38 自筆証書遺言に拘束されずに、相続人が遺産分割により相続手続をしてもよいですか。

A

自筆証書遺言の内容が有効であれば、相続人はそれに拘束されます。

しかし、遺言によって権利を与えられた者が自分の権利を放棄する自由は残されています。

したがって、相続人全員が協議して意見が一致すれば、遺言内容と異なる相続手続をすることは可能です。

ただし、この場合は、遺産分割協議書[※1]が必要となります。

また、遺言書に遺言執行者が指定されている場合には、同人に遺言執行者の就職辞退をしてもらう必要があります。

※1　遺産分割協議書……遺産分割協議で合意した内容をまとめた書類。遺産分割協議には相続人全員の参加が必要で、話し合いによって遺産分割の方法と相続の割合を決めていく。遺産分割協議によって相続人全員の合意が得られたら、その内容をまとめた遺産分割協議書を作成する

Q39 遺言執行者の指定のない遺言の場合、誰が遺言執行を行うのですか。

A

民法の規定で必ず遺言執行者を指定しなければならないとされているのは、認知（Q２⑧参照）と相続人の廃除（Q２③参照）およびその取り消しの場合です。

それ以外の遺言執行については必ずしも遺言執行者を必要とせず、相続人・受遺者※1だけで相続手続が可能です。

しかし、相続人・受遺者間で紛争が予想される場合等は、遺言執行者の選任を家庭裁判所※2（遺言者死亡時の住所地の裁判所）に申し立てることができます。

なお、遺言執行者が選任されると、相続財産に関する管理処分権はすべて遺言執行者に帰属し、相続人は遺産に関する管理処分機能を失います。

※1　受遺者……遺言によって財産を受ける人のこと
※2　家庭裁判所……離婚や相続などに関する家庭内の紛争、非行を犯した少年の事件を専門的に取り扱う裁判所のこと

Q 40

遺言執行者の解任と辞任について教えてください。

A

民法では遺言執行者の解任・辞任には必ず家庭裁判所の許可を要することとしています（民法一〇一九条参照）。

遺言執行者が任務を怠ったとき、その他正当な理由があるときは利害関係人は家庭裁判所に解任を請求することができます。

解任の申立権者は、遺言の執行に法律上の利害を有するすべての人であり、相続人・受遺者等がこれにあたります。

管轄は相続開始地の家庭裁判所です。

一方、遺言執行者は正当な事由があるときは、家庭裁判所の許可を得て辞任することができます。

　辞任の正当な理由としては、遺言を適切に執行できない個人的事情、たとえば病気や長期の不在等です。

Q41 遺言執行費用は誰が、どのように負担するのですか。

A

遺言執行は遺言を実現するためのものですから、遺言執行費用は遺言者の財産である相続財産から負担すべきと民法で定めています。

遺言執行費用としては、相続財産目録調製費用、相続財産管理費用、遺言執行者報酬等があります。

遺言執行者はこれらの諸費用を相続財産のなかから支払いを受けることができます。

遺言執行者の報酬は遺言書で定めている場合には、それによることになりますが、定めていない場合には家庭裁判所が決定します。

家庭裁判所は、遺言対象財産の状況、執行内容の難易度等を総合的に考慮して、具体的な金額を決めます。

Q42

遺言者が死亡のとき、すでに遺言執行者が死亡していた場合、執行手続はどのようにしたらよいですか。

A

遺言執行者が遺言者死亡のとき、すでに亡くなっていた場合、利害関係人の請求があれば、家庭裁判所が遺言執行者を選任します。この選任は遺言者の相続開始地の家庭裁判所に申し立てて行います。

家庭裁判所は、申立人や相続人からの事情等を聞き、遺言の内容や執行手続の難易度等を判断し、適当と認められる新たな遺言執行者を選任します。

なお、通常は、遺言執行者の死亡の事実が判明し次第、遺言者は遺言内容の変更（この場合は、遺言執行者を新たに指定すること）の遺言書を作成します。

第四章　相続について

Q43 相続人のひとりが一定の不正な行為をした場合、その人はどうなりますか。

A

民法上、相続財産に関して一定の不正な行為をした人は、相続人であっても相続権を失います。

たとえば、相続人のひとりが遺言書を破棄した場合には、破棄した人は相続欠格者となり相続権を失い、相続人ではなくなります（Q45参照）。

民法では遺言に関し、次の①から③のいずれかに該当する者は相続人の資格を剥奪されることになっています。

とくに③は現実によく問題になります。

①詐欺または脅迫によって、被相続人の相続に関する遺言書の作成、取り消し、

変更を妨げた、者

②詐欺または脅迫によって、被相続人の相続に関する遺言書の作成、取り消し、変更をさせた、者

③相続に関する被相続人の遺言書を偽造、変造、破棄、隠匿した者

Q 44 遺言書記載の受遺者が遺言者より先に死亡していた場合は、どうなりますか。

A

受遺者（遺贈を受ける人）が遺言者より先に死亡している場合、この遺贈は無効となります。

なお、遺言者と受遺者が同時に死亡した場合も、遺贈は無効となります。

したがって、受遺者の取得分は本来の相続人に帰属することになり、法定相続人はこの分について遺産分割協議を行い、遺産の取得者を決めることになります。

Q45 相続欠格について教えてください。

A

民法の規定で相続人になるはずの法定相続人でも、次に該当する者は相続人の資格がなくなります（民法八九一条）。

①被相続人や自分より先の順位や同順位の相続人を殺したり、殺そうとし、刑に処せられた者
②被相続人が殺されたことを知っていながら、犯人を告訴しなかった者
③被相続人を騙したり脅したりすることで、被相続人が遺言したり、遺言を取り消したり、変更することを妨害した者

④被相続人を騙したり脅したりすることで、被相続人に遺言させたり、遺言を取り消させたり、変更させたりした者
⑤被相続人の遺言書を故意に偽造、変造、破棄、隠匿した者

Q46 相続廃除について教えてください。

A

遺留分を有する法定相続人が、被相続人を虐待したり、重大な侮辱を加えた場合や、法定相続人にその他の著しい非行があった場合、被相続人は家庭裁判所へ申し立てて法定相続人の相続権を奪うことができます。

これを相続廃除といいます。なお、遺言で法定相続人を廃除する旨の意思を表示することもできます。

家庭裁判所が「廃除原因あり」と認定するのは、遺留分を否定して相続権を完全に奪うことが、社会的かつ客観的に正当とされる場合です。この場合、養親子間の離縁原因である「縁組を継続し難い重大な事由」あるいは、夫婦間の離婚原因である「婚姻を継続し難い重大な事由」と同程度の非行がある必要があります。

Q47

父は先妻（私と妹の母）の死亡後、子供のある人と再婚しました。その後、父が死亡した場合、誰が相続人になるのですか。

A

父と後妻の子供とのあいだで養子縁組[※1]がなされていない場合には、その子供には相続権はありません。

養子縁組がなされている場合には、後妻の子も先妻の子と同順位で相続人となり、相続分も同じです。

※1　養子縁組……血縁関係のない者同士に法律上の親子関係を成立させる制度のこと。子供の福祉を目的とした特別養子縁組とそれ以外の一般的な普通養子縁組がある

Q48

父の遺産を相続するにあたり、長男である私が相続権の放棄をした場合、私の子供（父の孫）が私の相続分を相続することはできますか。

A

被相続人（祖父）の死亡前に被相続人の子（長男）がすでに死亡している場合は、その人の子（孫）がこれを代襲して相続人となります。これを「代襲相続」といいます。

しかし、代襲相続は死亡の場合だけの制度ですから、長男が相続放棄をした場合、長男の子は代襲相続人となれず、相続することはできません。

なお、相続放棄があった場合、民法上その放棄した相続人は初めから相続人でなかったものとされますから、その人はいなかったものとして相続の順位や相続分が計算されます。

また、直系尊属（Q12参照）の場合は再代襲（一九一ページ参照）が認められますが、兄弟姉妹の場合は再代襲は認められません。

Q49 法定相続分を変更することができますか。

A

　相続人の職業、家庭事情などによっては、法定相続分どおりに遺産を相続させたのでは不都合が生ずる場合があります。そこで、次の①、②の方法により、法定相続分を変更することができます。

①遺言で相続分を指定する

　被相続人が遺言で相続分を指定すればそれが優先されます。ただし、遺留分を侵害する遺言書を書きますと、遺留分権利者に遺留分侵害額請求権が発生しますので、手続が複雑になります。それを避けるため、権利者の遺留分を侵害しない遺言書を作成したほうがいいと思います。

②遺産分割協議をする

共同相続人「全員」が協議して、異議を述べる者がいなければ、相続分に拘束されることなく任意に分割することができます。

Q 50

遺産分割協議について教えてください。

A

遺言がなければ、遺産をどう分けるかについて、第一次的には相続人のあいだでの話し合いで決めることになります。

相続人全員の合意がない限り、第二次的には家庭裁判所の審判（「はじめに」参照）により、原則として法定相続分により分配されることになります。

遺産分割協議には、相続人全員が参加しなければなりません。

また、遺言があっても、相続分の割合だけしか指定していない場合、具体的に遺産を分けるためには相続人の分割協議が必要です。

さらに、分割協議により遺言とは異なる分配も可能です。

分割協議が成立すると、その結果を記載した書面に共同相続人全員が署名し、実印を捺印します。

なお、遺産分割を行うときの遺産の評価額は、遺産分割時の時価を基準とします。

遺産分割協議書の書式例は次のページの図表8－1を参照してください。

図表8－1　遺産分割協議書書式例

遺産分割協議書

被相続人甲の遺産につき、同人の相続人全員において分割協議を行った結果、各相続人は次のとおり遺産を分割し、取得することに決定した。

1．相続人Xが取得する財産

(1) 土地
所在
地番
地目
地積
（略）

(2) 建物
所在
家屋番号
種類
構造
床面積
（略）

2．相続人Yが取得する財産
○○銀行○○支店の預金債権

3．相続人Zが取得する財産
○○郵便局の貯金債権

4．相続人Xは、被相続人甲の葬儀費用その他の相続債務のすべてを負担する。

以上のとおり、相続人全員による遺産分割の協議が成立した。
これを証するため本書を作成し、各自署名捺印する。

令和○○年○○月○○日

相続人　住所
氏名　X　実印
相続人　住所
氏名　Y　実印
相続人　住所
氏名　Z　実印

Q51 遺産分割協議の際に考慮される事項について、教えてください。

A

遺産分割は、原則的には法定相続分を基本として行われますが、これを修正する要素として特別受益と寄与分が重要な考慮事項となります。

1. 特別受益

共同相続人のある人が、被相続人から遺贈を受けたり、学業、婚姻、養子縁組のため、または生計の資本として生前贈与を受けた財産を「特別受益分」といいます。遺産分割協議はこの特別受益分も考慮して行います。

2. 寄与分

共同相続人のうち、被相続人の生活の世話や病気看護をしたり、事業を手伝ったりして、被相続人の財産の維持または増加に特別の寄与があった者には、配分を多くして公平を期そうとする制度があります。これを寄与分といいます。

被相続人の財産から寄与者の寄与分を引いて、残った財産について遺産分割協議を行います。

Q52 相続人のなかに未成年者がいる場合の遺産分割はどうすればよいですか。

A

分割協議をするとき、相続人が未成年者である場合、親権者が法定代理人として協議することになります。

しかし、相続に関しては、親権者が共同相続人だったり、ふたり以上の兄弟姉妹が未成年で、同じ両親の親権に服している場合もよくあります。

その場合は、親と子または子と子の利益が相反する可能性があるので、親権者は代理人になれません。

そのような場合には、親権者は家庭裁判所にその子の特別代理人※1選任の申し立てを行い、家庭裁判所の審判によって選任された特別代理人が分割協議に参加することになります。

※1　特別代理人……家庭裁判所から選任され、相続などの特定の手続を代理で行う人のこと。相続人のなかに未成年者や認知症などにより判断能力が不十分な人がいる場合、必要となる。特別代理人は、遺産分割協議への参加や遺産分割協議書への署名・押印などを代行する

Q53 相続人がそろわないとき、遺産分割はどうすればよいですか。

A

相続人がそろわない場合として、次の①、②、③の場合が考えられ、対応策はそれぞれあります。

①相続人の一部が遠隔地にいる場合

手紙、電話などで話し合い、遺産分割協議書の案を郵送して同意を求めるか、代理人を選任してもらって、協議に参加してもらうのがよいでしょう

②相続人の一部が行方不明または生死不明の場合

極力、行方を捜すことはもちろんですが、生死不明が七年以上のときは、家庭裁判所に申し立てて失踪宣告※1の審判をしてもらうことができます。

審判があると、失踪した人は、生死不明になってから七年経過したときに死亡したものとみなされます。

ときたま便りがある（この場合は、生存は確実ですから、単に行方不明で生死不明ではありません）とか、生死不明状態が七年経過していないなど、失踪宣告ができない場合は、家庭裁判所に申し立てて不在者のための財産管理人※2を選任してもらい、その管理人が分割協議に参加します。ただし、管理人が分割協議に同意するには家庭裁判所の許可が必要です。

③行方不明者の相続人が後日現れた場合

ほかの相続人が、行方不明者が生きていることを知らずに遺産分割をしてしまった場合、行方不明だった者は、自分の取り分を遺産分配を受けた人たちに分配された遺産が残っている限度で、請求できます。

ただし、ほかの相続人が、行方不明者が生きていることを承知で分割したのなら、その分割は無効とされます。

※1　失踪宣告……普通失踪と特別失踪（Q69参照）があるが、普通失踪では、生死不明になったときから七年経過したときに死亡したものと見なされる
※2　財産管理人……相続遺産や不在者の財産を管理・清算する人のこと。相続財産管理人の役割は次のとおり。「相続財産を調査・把握する」「債権者や受遺者への支払いを法律に基づいて行う」「特別縁故者（一九一ページ参照）に対する相続財産の分与の手続を行う」「残った財産を国に帰属させる」

Q 54

相続人のあいだで遺産分割協議がまとまらない場合は、どうすればよいですか。

A 遺産分割の協議に共同相続人が全員参加できない事情があったり、協議しても合意が得られないときは、家庭裁判所に調停および審判を申し立てて分割してもらうことができます

1．家庭裁判所の調停

遺産分割の調停は、解決を望む相続人がほかの相続人を相手方として「相手方の住所地の家庭裁判所」に申し立てます。

添付資料として、共同相続人や利害関係人のリスト、遺産目録、被相続人の除

籍謄本、相続人の戸籍謄本などが必要です。[※1]
家庭裁判所では裁判官ひとりと調停委員ふたり以上で構成される「調停委員会」が調停にあたります。
話し合いが成立すると、その結果は調停調書に記され、この調書が確定した審判と同一の効力があります。

2. 家庭裁判所の審判

審判も、相続人がほかの相続人を相手方として申し立てますが、「被相続人の住所か相続開始地の家庭裁判所」に調停と同様の資料を添えて行います。

審判は非公開で、裁判所の職権で証拠調べをし、法定相続分を基準としつつ、特別受益や寄与分および財産の種類、性質、各相続人の職業その他一切の事情を考慮して、公権的に分割方法を決めます。

この審判に不服があれば、不服の申し立てをして高等裁判所で争うことになります。

※1　戸籍謄本……戸籍に記載されている全員の身分事項を証明するもの。戸籍は、夫婦と未婚の子によって構成される。夫婦と未婚の子がふたりであれば、その四人全員の身分事項を証明するものが戸籍謄本になる。戸籍抄本とは、戸籍に記載されている者のうちひとりまたは複数人の身分事項を証明するもの

Q55

相続財産を受け継ぐ手続について教えてください。

A

相続財産を受け継ぐ手続については次の①、②、③があります。

①単純承認

相続の開始があったことを知った日から三ヶ月を経過するまでに、限定承認や相続放棄をしないかぎり、相続人は共同で被相続人の財産上の権利義務をプラスの資産もマイナスの資産も無制限に引き継ぐものとされます。これを単純承認といいます。

②限定承認

限定承認とは、相続財産より債務のほうが多いか、または多いかもしれない場合に、相続によって得た財産の範囲内でのみ被相続人の債務を支払うこととして相続する方法です（Q63参照）。

限定承認の手続は、相続開始を知った日から三ヶ月以内に家庭裁判所に財産目録を提出して、申し立てますが、相続人が数人いるときには、全員で共同して行う必要があります。

③相続放棄

相続放棄とは、債務のほうが多いときとか、財産はいらないというときに、相続人としてすべての権利、義務から免れる相続方法です。

相続放棄はひとりでもできます。

相続放棄の手続は相続開始を知った日から三ヶ月以内に、家庭裁判所に申し立て、相続放棄申述受理証明書の交付を受けます。

その結果、放棄者は初めから相続人でなかったものと見なされ、代襲相続もなくなります。

Q56 相続人がいない場合、財産はどうなりますか。

A

この場合、利害関係人あるいは検察官の請求によって、家庭裁判所が相続財産管理人を選任します。

遺産はこの相続財産管理人が管理します。

そして、相続人の捜索を行い、最終の捜索公告の期間満了後三ヶ月以内に、特別の関係があった人が家庭裁判所に特別縁故者（一九一ページ参照）の申し立てをして認められれば、財産の分与を受けることができます。

この特別縁故者とは、被相続人と生活を同じくしていた者、そのほか被相続人の療養看護に努めた者、そのほか被相続人と特別の縁故のあった者のことです。

この特別縁故者がいない場合は、全遺産が国に帰属します。

Q57

預金者が死亡した場合の金融機関の対応について教えてください。

A

預金者が死亡した場合、預金債権は相続開始と同時に相続分に応じて分割されることはなく、遺産分割の対象になります。

したがって、金融機関は、単独の相続人からの払い戻しに応じることはせず、遺産分割協議書や金融機関所定の相続届などの書類を求めます。

また、遺産分割前の相続預金の払い戻し制度があります。

この制度とは、遺産分割前であっても被相続人の銀行口座から一定金額まで引き出すことができるというものです。

詳しくは銀行へ照会してください。

Q58 代襲相続と数次相続の違いについて教えてください。

A

以下になります。

①代襲相続

本来相続人となるはずだった人が相続開始前に死亡するなど、何らかの理由により相続権を失った場合に、その人の子などが代わりに相続する制度です。

②数次相続

被相続人が亡くなったあとに、遺産分割協議が開始されたものの、相続人のひとりが亡くなって次の相続が発生する状況を指します。

Q59 デジタル遺産とは何ですか。教えてください。

A

デジタル遺産とは、インターネット上に残された個人情報やデータを指します。最近では暗号資産や電子マネー、デジタルの著作物、ネット銀行等、デジタルデータの財産が多くあります。

デジタル遺産の相続は、基本的に一般的な遺産（家屋、預貯金、株式など）と同じです。ただ、名義変更など各種の規約により違いがありますので注意が必要です。

Q60 死亡保険金の課税関係について、教えてください。

A

交通事故や病気などで被保険者が死亡し、保険金受取人が死亡保険金を受け取った場合には、被保険者、保険料の負担者および保険金受取人が誰であるかにより、所得税、相続税、贈与税のいずれかの課税対象となります。詳細は以下の図表60-1にまとめています。

図表60－1　死亡保険金の課税関係

被保険者	保険料の負担者	保険金受取人	税金の種類
A	B	B	所得税
A	A	B	相続税
A	B	C	贈与税

Q61 相続放棄と財産放棄の違いについて教えてください。

A

相続放棄については、相続の開始があったことを知った日から三ヶ月以内に、家庭裁判所に申し立てをする必要があります。相続放棄をすると相続人でなくなり、プラスの財産もマイナスの財産も承継しません。

一方、財産放棄は遺産分割協議において、自分（相続人）はプラスの財産は承継しないと協議書に書く必要があります。注意すべきは、マイナスの財産は承継することになるということです。

被相続人（死亡した人）の遺産のうち、プラスの遺産（家屋、預貯金など）が一〇〇〇万円、マイナスの遺産（借金など）が一五〇〇万円だとすると、差し引きマイナスの遺産五〇〇万円となります。この場合は、家庭裁判所に相続放棄を申し立てるとよいと思います。

財産放棄だと、マイナスの遺産五〇〇万円は承継されますので、債権者が取り立てに来た際、相続人として支払う必要があります（相続人がふたりであれば、ひとりあたり二五〇万円を支払うことになります）。

また、妻と子供が相続放棄をした場合、被相続人の両親も相続放棄をしなければ、借金だけが追いかけてきます。

両親が相続放棄をすると、次は兄弟姉妹も相続放棄をする必要があります。やはり債権者に支払う義務が出てくるからです。

つまり、相続放棄をするのであれば相続人全員がするように、お互いに連絡を取り合って行う必要があります。

Q62

相続放棄の事例について教えてください。

A

事例をひとつ次ページに紹介します（この事例では死亡した夫の妻と長男、長女が相続放棄しても負債返済の問題は解決しませんので、要注意です）。

相続放棄について

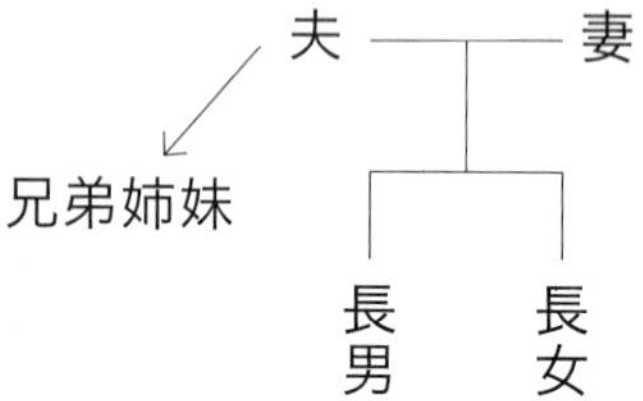

前提→死亡した夫には借金があり、
プラスの遺産は借金より少額。

①妻と長男、長女が相続放棄しますが、それでは解決したことになりません。
②夫の兄弟姉妹も相続放棄をする必要があります。そうしないと、債権者が兄弟姉妹に取り立てをするためです。
③相続人全員が相続放棄をする必要があるのです。日ごろから相続人は仲良くしておくことです。たとえば、もし夫の妹だけが相続放棄をしなかったら、債権者は妹に取り立てをします。

Q 63 相続放棄をしたのですが、あとから取り消すことは可能ですか。

A

相続財産の調査をした結果、借金過多だった場合、相続人は相続放棄をするのがよいと思います。しかし、一旦相続放棄をしますと、あとから取り消すことはできません。

相続放棄すべきか判断に迷った場合は、限定承認をおすすめします。限定承認とは、プラスの財産の範囲内限定でマイナスの財産も相続する手続です。

プラスの財産をすべて相続することができますし、仮にマイナスの財産のほうが多かった場合でも、自分の財産を出す必要はありません。

ただし、限定承認という手続は相続人全員の同意がなければ利用できません。注意が必要です。

Q64

相続と遺贈の違いについて教えてください。

A

人が亡くなると、民法により相続が行われます。

亡くなった人の財産を引き継ぐ親族の範囲（法定相続人）[※1]や相続する財産の割合（法定相続分）は民法で決められています。

遺贈とは、法定相続人以外の個人（友人等）や団体（日本ユニセフ協会等）に財産を贈る場合のことをいいます。この場合は、遺言書を書く必要があります。

遺贈先については、遺贈財産（たとえば不動産）をもらわない場合がありますので、遺贈先の意思を確認したほうがいいと思います。

また遺贈には二種類の方法があります。図表64－1を参照してください。

※1　親族……民法上、親族とは六親等内の血族、配偶者および三親等内の姻族をいう。

図表64－1　遺贈の種類

特定遺贈	包括遺贈
遺贈する財産が特定されている	遺贈する財産は現金、不動産、株式などすべての財産を一括した全体に対する割合で指定される
(例) 預貯金100万円を●●団体に遺贈する	(例) 全財産の10分の1を●●団体に遺贈する
遺言者に指定がない限り、受遺者（●●団体等）がマイナスの財産を引き継ぐことはない	すべての財産のなかにはマイナスのものも含まれるため、受遺者はマイナスの財産を引き継ぐこともある

Q65 遺産分割協議の際に相続不動産はどのように評価するのですか。

A

不動産には四つの評価方法があります。

1. 実勢価格

実際に近隣で売買されている相場です。査定する不動産業者によって金額の差があります。

2. 路線価

国税庁が毎年発表しています。相続税算出の基準になっています。

3. 固定資産税評価額

固定資産税の評価に利用される評価額のことです。この価額が遺産分割協議の際に基準として用いられることが多いです。

4. 公示価格

不動産鑑定士により作成される評価額で、国土交通省が毎年発表しています。

遺産分割協議の際に用いられるのは、一般的には固定資産税評価額ですが、相続人全員で話し合って決める必要があります。

Q66

死亡したAさんの相続人はBさん、Cさん、Dさんの三人です。Cさんは行方不明です。また、Dさんは未成年者です。このような場合、遺産分割協議者はどのようにするのですか。

A

　行方不明のCさんについては、家庭裁判所に「不在者財産管理人」の選任の申し立てをします。普通は弁護士が不在者財産管理人となり、遺産分割協議に参加します。

　また、未成年者のDさんについては、家庭裁判所に「特別代理人」の選任の申し立てをします。普通は弁護士が特別代理人となり、遺産分割協議に参加します。

Q67 エンディングノートについて教えてください。

A

エンディングノートとは、記憶力・判断力等が低下した場合に備えて記しておくノートのことです。家族にとっては形見ともなります。自治体などで無料配布しておりますので、それを利用して記入するといいと思います。

ただし、エンディングノートは民法で規定している遺言とは違って、法律的な効力はありませんので、注意しましょう。

Q 68

生命保険金は遺産分割協議の対象になりますか。

A

被相続人が死亡した際に受け取ることができる金銭として、生命保険金があります。

生命保険金は遺産分割の対象とはなりません。生命保険契約は第三者のためにするものなので、保険金の受取人として指定された人が生命保険金請求権を自分の固有の権利として取得します。このため、遺産分割の対象となる相続財産には原則として含まれません。

Q69 失踪宣告について教えてください。

A

失踪宣告（Q53参照）とは、不在者について一定の要件を満たしたとき、これを死亡したものと見なし、財産関係などについての法律関係を一度確定させるための制度です。

利害関係者が家庭裁判所に失踪宣告の申し立てをし、その生死が七年間明らかでないとき、普通失踪として扱われることになります。

また、戦争、船舶の沈没、震災などの死亡の原因になり得る危難に遭遇し、その危難が去ったあと一年間その生死が明らかでないとき、特別失踪※1（危難失踪）が家庭裁判所に申し立てることで認められます。

普通失踪により死亡と見なされる日は、行方不明になってから七年が経過した日です。いつから七年なのかは、最後に当該者の生存が確認された日からです。つまり、この日が行方不明者に対する相続開始日になります。

特別失踪は一般的な行方不明ではなく、先述の（船舶の沈没など）特別な危難に遭遇して行方不明になった場合です。

特別失踪を家庭裁判所に申し立てできるのは、危難が去ってから一年間、当該者が行方不明の場合です。ただし、死亡と見なされる日は、一年後ではなく危難が去ったときです。これが相続開始日となります。この点、要注意です。

※1　特別失踪……戦争や船舶の沈没など、危難のあった日から一年以上生死が不明の場合のこと

Q70 戸籍証明書の広域交付制度について教えてください。

A

本籍が遠くにある場合でも、住まいや勤務先の最寄りの市区町村役場の窓口で全国各地の戸籍証明書等をまとめて請求できる制度です。

請求できる人は、本人、配偶者、直系尊属（父母、祖父母等）直系卑属（子、孫等）です。

戸籍証明書は相続人の確定や相続財産の配分のために必要となります。

Q71

民法と税法での「遺産」の違いはありますか。

A

民法では「遺産」と見なされませんが、税金の計算をするときには「遺産」に含めなければならないものがあります。

たとえば、次のようなものです。

- **生命保険の死亡保険金**
- **死亡退職金**

など

これらは相続税の対象となります。

Q72 遺言相続に関する民法の重要な条文を教えてください。

A

次のとおりです。

・遺産関係

九六〇条　遺言の方式
九六一条　遺言能力
九六四条　包括遺贈及び特定遺贈
九六七条　普通の方式による遺言の種類

九六八条　自筆証書遺言
九六九条　公正証書遺言
九六九条の二　公正証書遺言の方式の特則
九七〇条　秘密証書遺言
九七三条　成年被後見人の遺言
九七四条　証人及び立会人の欠格事由
九七五条　共同遺言の禁止
九八五条　遺言の効力の発生時期
九八六条　遺贈の放棄
一〇〇四条　遺言書の検認
一〇〇六条　遺言執行者の指定
一〇〇九条　遺言執行者の欠格事由
一〇一〇条　遺言執行者の選任

一〇一一条　相続財産の目録の作成
一〇一二条　遺言執行者の権利義務
一〇二二条　遺言の撤回
一〇二三条　前の遺言と後の遺言との抵触等
一〇四二条　遺留分の帰属及びその割合
一〇四六条　遺留分侵害額の請求
一〇五〇条　特別の寄与

・相続関係

八八二条　相続開始の原因
八八三条　相続開始の場所
八八六条　相続に関する胎児の権利能力
八八七条　子及びその代襲者等の相続権

八八九条　直系尊属および兄弟姉妹の相続権
八九〇条　配偶者の相続権
八九一条　相続人の欠格事由
八九二条　推定相続人の廃除
八九三条　遺言による推定相続人の廃除
八九六条　相続の一般的効力
八九七条　祭祀に関する権利の承継
八九八条　共同相続の効力
九〇〇条　法定相続分
九〇一条　代襲相続人の相続分
九〇二条　遺言による相続分の指定
九〇七条　遺産の分割の協議又は審判等
九〇八条　遺産の分割の方法の指定及び遺産の分割の禁止

九一五条　相続の承認又は放棄をすべき期間
九二〇条　単純承認の効力
九二二条　限定承認
九三八条　相続の放棄の方式

おわりに

本書を最後まで読んでいただき、ありがとうございました。

皆さんには、遺言で自らの財産を親族に適切に相続させることは、親族が末永く仲良く幸せに過していくのに、重要な役割を果たすこと、理解していただいたと確信しております。

最後に私が大切だと思っていることを記したいと思います。

法律（民法）上、遺言での財産には「自宅不動産」「預貯金」「有価証券」などがあり、これらを相続人等に相続させます。

一方、私は民法で定められている以外の財産があると思っています。

それは先人たちの残した「詩」「俳句」「小説」などです。このような心に響く財産は相続人に限定されたものではなく、すべての人たちを対象とした、素晴らしい財産です。
ここでは数多《あまた》ある心に響く財産のうち、私が皆さんに是非紹介したい金子みすゞの作品を三つ引用します。それぞれに「何か」を感じて、できることなら朗読していただけたら幸甚です。

こだまでしょうか

「遊ぼう」っていうと
「遊ぼう」っていう。

「馬鹿」っていうと
「馬鹿」っていう。

「もう遊ばない」っていうと
「遊ばない」っていう。

そうして、あとで
さみしくなって、

「ごめんね」っていうと
「ごめんね」っていう。

こだまでしょうか、
いいえ、誰でも。

みんなを好きに

私は好きになりたいな、
何でもかんでもみいんな。
葱《ねぎ》も、トマトも、おさかなも、
残らず好きになりたいな。
うちのおかずは、みいんな、
母さまがおつくりになつたもの。
私は好きになりたいな、
誰でもかれでもみいんな。

お医者さんでも、烏《からす》でも、
残らず好きになりたいな。
世界のものはみイんな、
神さまがおつくりになつたもの。

私と小鳥と鈴と

私が両手をひろげても、
お空はちっとも飛べないが
飛べる小鳥は私のように、

地面《じべた》を速くは走れない。

私がからだをゆすっても、
きれいな音は出ないけど、
あの鳴る鈴は私のように
たくさんな唄は知らないよ。

すずと、小鳥と、それから私、
みんなちがって、みんないい。

令和七（二〇二五）年二月

杉村政昭

本当の私（真吾・真己）を私欲から解放し回復する――本書刊行に寄せて

陽明学研究家　林田明大《あきお》

私は、陽明学※①の実践体得に努める日本陽明学の研究家で、陽明学関連の著書の執筆と講演を生業《なりわい》としてきました。そんな私には、一〇代後半からのライフワークがもうひとつあります。シュタイナー教育で知られるルドルフ・シュタイナーの人智《じんち》学です。というわけで、これまで私は、人智学を援用しながら陽明学の話をさせて頂くことを得意としてきました。ここでも、同様の手法で、相続問題における心構えを説かせて頂きます。

私たちは、生身の人間ですから、それが誰であれ、本書のテーマの相続問題に代表される様々なことで、葛藤しないなどという人は一人もいないはずです。

例えば、大好物の食べ物を前にして、「もっともっと食べたい！」と言う私と、

「これ以上食べると太るよ！」と冷静に諫める私とが、心の中でバトルを展開するというのはよくある話です。私達の心には、二人の私がいて、ことあるごとにせめぎあっているのですが、このことに疑問を持つ人がいないのは、不思議としか言いようがありません。こういう場合、どちらかが「本当の私」であるはずなのです。

私達のような凡人は、葛藤する二人の私について何の疑問も持たないかもしれませんが、キリスト教や仏教に限らず、朱子学の創始者の朱熹《しゅき》、そして陽明学の創始者の王陽明《おうようめい》も、このことについて議論し自説を述べました。

結論めいたことを言わせて頂きますが、この場合、私の専門とする陽明学的にいえば、もっと食べたいと言う前者は、「肉体に根差した私欲（人欲）」で、後者が「天に根差した本当の私」なのです。

話の向きを変えます。

イマヌエル・スウェーデンボルグ[※②]（一六八八～一七七二）という人物をご存じ

でしょうか。ウィキペディアには、エマヌエル・スヴェーデンボリとありますが、その名さえ耳にしたのは初めてだという方もいらっしゃるかもしれません。スウェーデンボルグは、今からかれこれ約二五〇年前の人なので無理もありません。

しかし、彼は世界的に有名な二人の女性、「近代看護の母」と称されるフローレンス・ナイチンゲール（一八二〇～一九一〇）と、「三重苦」で知られる社会福祉活動家・ヘレン・ケラー（一八八〇～一九六八）が大尊敬してやまなかった人なのです。参考までに、スウェーデンボルグを高く評価した人には、世界的禅ブームの立役者であり、日本文化理解の礎を作った仏教学者・鈴木大拙、世界的な文豪のバルザックやドストエフスキーらを挙げることができます。そしてゲーテは熱心な愛読者でしたし、初代文部大臣・森有礼《もりありのり》は心酔し、近年の研究から童話作家の宮沢賢治もスウェーデンボルグに注目していたことが知られてきました。

何をした人かと問われたら、

「その前半生は、九か国語を自由に操《あや》つる、天才と称されるほどの高名な万能の科学者でした。その晩年はといえば、敬虔なルター派クリスチャンでもあったことが影響したのか、五六歳の時の神秘体験を契機に神秘思想家に転身、生きながら霊界を見て来たという霊的体験に基づく大量の著作で知られ、三一歳で貴族に叙《じょ》された人」

と答えさせて頂きます。

上記スウェーデンボルグ、ナイチンゲール、ヘレン・ケラー、ゲーテらに共通するものがあります。

それは、哲学者・ソクラテスを常に正しい方に導いたという「内なる声なき声」です。ソクラテスは「ダイモン（ダイモニオン）」と称しました。ちなみに「ダイモン（ダイモニオン）」は、「神霊の声」「心の内にある神的なもの」「内なる神の声」などと日本語訳されています。

スウェーデンボルグが「ヴィジョン」「（神に通じている）内なる人」と称し、ヘレン・ケラーは「内なる自己（人間）」と、ナイチンゲールが「神の声」、ゲーテが「我々の内部に宿る神的な力」(『ゲーテ自然科学論文集』第五巻「散文による箴言《しんげん》」)と呼んだもののことです。

二人の女性の信心のルーツがスウェーデンボルグなので、当然だと言われても仕方がないのですが、実をいうと、私がライフワークとする陽明学の創始者・王陽明や人智学の創始者でシュタイナー教育(正式にはヴァルドルフ教育)の創始者として知られるルドルフ・シュタイナーも、同じことを説いていました。

王陽明は、私達の心の奥には「良知《りょうち》(本来面目・道・天理・聖人・真吾、真己〈本当の私〉)」(『伝習録』)が、R・シュタイナーは「人間の内なる神・高次の自己(ハイヤーセルフ)」(『神秘学概論』)が内在していると語りました。

さらにシュタイナーは

「自分の現在の判断力よりも、もっと正しく自分を導いてくれる何かが、私の内部に存在している」(同上)

と述べ、シュタイナーが私淑したゲーテは、私達の内部には

「すべての人間に生まれつき与えられている、神によって創造された道徳的なもの」（ヨハン・ペーター・エッカーマン『ゲーテとの対話・下』）が内在すると語りました。

これらは、陽明学でいう「良知」のことです。

実は、私もかれこれ八～九年前に、まるでラジオから聴こえてきたのではと思えるほどにはっきりと聴こえたのですが、頭の中に響き渡る「内なる声なき声」に助けられて危機を脱することができました。それ以来、王陽明が私達の心の奥に宿っていると説く「良知」の存在を疑わなくなりました。

三〇年余に渡って陽明学の実践体得に努めてきた私の経験からも言えることですが、「良心」の語源といわれている「良知」、言い換えれば「本当の私（真吾・真己）」を私欲から解放し回復するその過程で、眠っていた潜在能力が、例えば危険を察知する予知能力や直観力、正しい判断力が発揮されるようになるのです。

父母が残した遺産を巡って、それまで仲の良かった遺族たちの間で争いが起きるというケースは、実際、枚挙に暇《いとま》がないと、本書の著者の杉村政昭先生から耳にしました。

そこで、陽明学者としても知られる西郷隆盛※③の遺訓といっていい漢詩を披露させて頂きます。以下、「公益社団法人　関西吟詩文化協会」の「漢詩紹介　偶感　西郷南洲《なんしゅう》」を参考にさせて頂きました。

偶　感

幾《いく》たびか辛酸《しんさん》を歴《へ》て　志《こころざし》始めて堅《かた》し
丈夫《じょうふ》※④は玉砕《ぎょくさい》するも　甎全《せんぜん》を愧《は》ず
吾が家の遺法　人知るや否《いな》や
児孫《じそん》の為に　美田《びでん》を買わず

以下、現代語訳です。

「人間は、辛《つら》く苦しいことを何度も経験して初めて志が堅固になるものである。立派な男というものは、たとえ玉となって砕け散るようなことになっても、瓦となって生きながらえるのを恥とするものである。我が家には先祖から伝わった子孫の守るべき家訓があるが、世間の人は知っているであろうか。それは、子孫のために田地など財産を買い残すことはしないということである」

「児孫の為に　美田を買わず」は、西郷隆盛が残した言葉の中でも大変有名なもののひとつです。「子孫のために田地など財産を買い残すことはしない」とありますが、ウィキペディアには、こうあります。

「子孫のために財産を残したならば、このことにより子孫は楽をできるようになるものの子孫は堕落することとなる。このため子孫には財産を残すべきではないということ。」

と。

この解釈に関しては、「子供を甘やかすな」という教訓ではなかったという、作家・偉人研究家の真山知幸《ともゆき》氏による次のような説があります。

「この言葉は子育て論ではありません。子孫に財産を残そうと、私利私欲に走るようでは志を遂げることはできない、志を果たすためにはすべてのものを犠牲にする覚悟を持て、という意味で、自分自身への戒めの言葉だったのです」(「西郷隆盛が遺した『美田』名言、子育てへの教訓ではなかった」『週刊ポスト』二〇一七年一〇月二七日号、小学館)

真山氏によれば、いつの間にか、「児孫の為に　美田を買わず」が独り歩きをするようになり、「子孫のためと思って財産を残すと、それに頼って努力をしなくなり、自立心を削《そ》いでしまうので、財産を遺《のこ》すべきではない」と理解されるようになったというのです。

私は、真山氏の解釈が納得できないわけでは決してありませんが、「子供を甘やかすな」という教訓として受け止められるようになったことには、それなりの意味があると思っています。というのも、杉村先生がこう語られていることと無関係ではないと思うのです。

「昔に比べて今のほうが相続問題でのトラブルは多いですね。つくづく自己主張が多い時代になったなぁ、と思っています。私のセミナーへの参加者も、二〇年前に比較して沢山《たくさん》の方々が来られます。以前は、女性が大半だったのですが、近年は、ご夫婦での参加者が目立ちます」

以下私見ですが、昭和前期で陽明学ブームは終わりを告げました。以来、陽明学は学ばれなくなり、と同時に、日本人の質も劣化の一途《いっと》を辿ってきたのです。そして、経済的に豊かになった一方で、私欲にまみれた人々が輩出しているのです。

以下、そうしたことの具体例です。

昭和二七年生まれの私にとって、今から三五年ほど前に大活躍した歌手・松尾和子といえば、ハスキーな声で寝室ヴォイスなどと称されるセクシーな歌手として記憶されています。その一方で、松尾和子の名を耳にすれば、「舐犢《しとく》の愛（親牛が子牛を舐《な》めまわすように、親が子供を溺愛《できあい》すること）」という言葉を思い出してしまいます。というのも、長男が二八歳の時、覚せい剤使用で逮捕されてしまうのですが、定職を持たない長男に数十万から数百万円単位の小遣いを与えていたなどと、長男への過保護ぶりが話題となったからです。

当時、彼女は、「過保護すぎた私の責任もあります。でも、息子は私の宝です」とその心境を語りましたが、案の定、その後も、明らかに、長男は自立できなかったのです。

それから一五年後の今から二〇年前、やはり「舐犢の愛」を思い出させる類似の事件が起きました。

日本映画全盛期を代表するスター女優の一人・三田佳子《よしこ》の次男・高橋祐也が覚せい剤中毒で合計五度も逮捕されたのです。母親の三田佳子は、一八歳の次男に、月に五〇万円渡すことがあったと言います。四度目の逮捕の頃にも、本人は「今でも一日一五万円もらっている。家族カードを持っていて、月に二〇〇万円使うことがある」などと語っていたのです。四〇歳代前半の次男は、両親に対して暴力を振るうようになっていました。それでも三田佳子は、毎月三〇～四〇万円を手渡していたと言います。

三田佳子は、高額納税者番付の俳優・タレント部門で四年連続首位となり、「国民的女優」と称賛されるほどの大女優でした。夫は元ＮＨＫプロデューサーで、高給取りです。これが江戸時代の経済力のある武士や豪農や豪商達なら、道徳的にも優れた知識人に子供達が幼い頃から師事させたのですが、何故そうしなかったのでしょうか。

有り余るお金が、人から自立心を失わせ、ダメにしたのです。お金に善いも悪いもありませんが、お金が人を善くもするし、ダメにもすることは、肝に銘じておくべきでしょう。

いみじくも、やはり昭和を代表する国民的俳優で『知床旅情《しれとこ》』の作詞作曲をしたことでも知られる森繁久彌《ひさや》は、一九七〇年代、
「拍手は君を育てもするが、堕落もさせる」
という言葉を色紙に書いたそうですが、同じ趣旨の教えです。

陽明学では、仏教同様「中庸《ちゅうよう》」を尊びます。「中庸」とは「一方に偏《かたよ》らないで何物にも依存しない、多過ぎたり足りなかったりしないこと（不偏不倚《ふへんふい》で過不及《かふきゅう》のないこと）」です。「中庸」は「バランス」と訳されることがありますが、「程々に！」などと言う場合の「程の良さ」のことです。

王陽明は、良知を中庸と言い換えています。この世には、善と悪とが別々に存在している、と信じて疑わない人がほとんどだと思いますが、ではこの世の何が善かといえば、中庸こそが善であり、多過ぎるのも少な過ぎるのと同じで、過ぎたものこそが悪なのです。

陽明学研究家の私から、ワン・ポイント・アドヴァイスです。王陽明は、結婚や離婚、転職や起業などといった、とても大事なことを決断するのは、午後ではなく午前中にしなさいと説きました。環境からの刺激や影響がまだ少ない朝は、私欲（物欲）が活発化していないからです。

本書の著者の杉村政昭先生は、四〇年に及ぶ三井信託銀行（現、三井住友信託銀行）時代から相続問題にかかわってこられました。さらには、本書を刊行される前に、すでに相続に関する数冊の共著を出されており、相続問題では、我が国を代表するベテラン中のベテランといってもよい方です。

実は、杉村先生は、もう一つ別の顔をお持ちです。約三〇年にわたって参禅されて今に至っておられるのです。最初の師は、曹洞宗・安泰寺（兵庫県）住職の内山興正《こうしょう》老師だったそうです。内山老師亡き後の現在は、東京都台東区の月洲寺住職・河又宗器《かわまたそうき》禅師、天正寺住職・佐々木奘堂《ささきじょうどう》禅師に指導を受けていらっしゃいます。

私と同じ、求道者でいらっしゃるのです。西郷隆盛が、一〇代後半の若い頃から禅と陽明学を兼学してきたことは知られた話です。杉村先生が林田陽明学を支持してくださるのは、禅を学んでこられたがゆえに、陽明学理解が早かったのです。

齢《よわい》八〇を過ぎてもなお矍鑠《かくしゃく》とされていて、毎日、個人面談や講演会で忙しくされていると伺っていますが、相続問題では大ベテランの杉村さんを必要としている悩み多い方々のためにも、くれぐれもお体をご自愛の上、ご活躍頂きたく存じます。

最後にもう一言、相続問題で争うことは、心の本体である良知を曇らせてしまいます。私欲を心の主人公にするのではなく、良知（良心・本当の私）をこそ心の主人公とするよう、お互い、くれぐれも気を付けたいものです。

令和七（二〇二五）年一月二九日（水）

イマヌエル・スウェーデンボルグの誕生日　さいたま市の寓居にて

※①**陽明学**　中国、明《みん》の時代に王陽明（一四七二〜一五二九）が唱えた人間修養の教え。形骸化した朱子学の批判から出発し、誰もが生まれつき備えている心の本体・良知（天理・明徳・真吾〈本当の私〉）を私欲から解放し回復することの重要性を説いた。日本では、江戸時代初期に中江藤樹（一六〇八〜四八）によって初めて講説され、熊沢蕃山《くまざわばんざい》と淵岡山《ふちこうざん》の二大高弟によって継承発展された陽明学ブームは、昭和前期まで続いた。

※②**イマヌエル・スウェーデンボルグ**　一六八八〜一七七二。一八世紀の、スウェーデン王国出身の偉大な科学者、哲学者、神秘思想家。その前半生は、鉱山技師で、天文学や物理学といった広範な分野に精通する世界的な天才科学者として知られ、晩年に入った五五歳以降の後半生は、生きながら霊界に出入りした霊的覚醒者としても知られる。霊的体験に基づく大量の著述で知られ、その多

くが大英博物館に保管されている。名著として知られる『天界と地獄』は四〇ヶ国語に翻訳され、ヘレン・ケラー、ゲーテ、リンカーン、ドストエフスキー、鈴木大拙など、多くの著名人に影響を与えてきた。

※③**西郷隆盛**　一八二七〜一八七七。江戸末期から明治初期の政治家。薩摩藩士。文政一〇（一八二七）年に鹿児島郡下加治屋町《したのかじやまち》（現、鹿児島市加治屋町）に生まれる。名は吉之助《きちのすけ》、隆盛《たかもり》は通称、号は南洲。一三歳の頃、喧嘩《けんか》を売られて右肘《ひじ》を切られ武芸ができなくなったことから苦悩し、一九歳から二五歳までの間、「薩南第一の善知識」と称される島津家菩提寺・福昌寺（曹洞宗）の住職・無《む》参《さん》和尚に禅と陽明学を学ぶ。また、親友の大久保利通の父・次右衛門《じえもん》、島津斉《しまづなり》彬《あきら》の側近・松山隆阿弥《まつやまりゅうあみ》、陽明学者・荒川秀山《あらかわしゅうざん》の高弟・伊東猛右衛門《いとうもうえもん》らについて陽明学を学んでいる。陽明学を奉じた東郷平八郎は、伊東猛右衛門の門人。安政元（一八五四）年、二七歳の時、薩摩藩主・島津斉彬の側近に抜擢《ばってき》された。この頃、水戸藩の学者・藤田東湖《ふじたとうこ》に師事する。安政五（一八五八）年、三一歳の時、京都の陽明学者・春日潜庵《かすがせんあん》に心酔。安政の大獄で追われる身となり、京都の友人の勤王僧・月照《げっしょう》とともに鹿児島湾に入水《じゅすい》するも自分だけ助かったが、奄美大島に流罪《るざい》となり、三年後赦免《しゃくめん》。

文久二（一八六二）年、三五歳の時、藩主の実父・島津久光の命に背いた罪で徳之島に流罪、さらに流罪された沖永良部《おきのえらぶ》島で陽明学者・川口雪篷《かわぐちせっぽう》と出会い、師事する。討幕の指導者として薩長同盟・王政復古・戊辰《ぼしん》戦争を遂行し、維新の三傑の一人と称された。特に幕臣・勝海舟との江戸城無血開城は有名。維新後、参議・陸軍大将となって廃藩置県を断行した。明治四（一八七一）年、板垣退助の征韓論に反対し遣韓《けんかん》使節による平和交渉を唱えたが容《い》れられず、退官し帰郷。明治七（一八七四）年、私学校党（西郷に従って帰郷した不平士族の暴発を懸念して設立された私塾・私学校を中心とする政治勢力）を結成。明治一〇（一八七七）年、西南戦争で新政府に対し挙兵したが、敗れて城山で自決した。享年五一。

※④**丈夫**　「じょうぶ」「ますらお」と読むのは可。

【主な参考文献】

・佐々木秀美「フローレンス・ナイチンゲールその神秘主義的思想」『看護学統合研究』Vol.21,No.1,2019,9-24
・コリン・ウィルソン、訳者・中村保男『宗教とアウトサイダー、下』河出書房新社、一九九一年初版
・原著者：エマニュエル・スウェデンボルグ、抄訳・監修：今村光一、漫画：南聖樹『エマニュエル・スウェデンボルグの霊界マンガ版』中央アート出版社、二〇二三年第一〇刷
・コリン・ウィルソン、中村保男・中村正明：訳『ルドルフ・シュタイナー』河出書房新社、一九九四年初版
・林田明大『新装版・真説「陽明学」入門』ワニ・プラス、二〇一九年初版
・林田明大「良知とは何か、私の〈良知体験〉を中心に」発行人：林田明大、限定六〇部、非売品、二〇二四年一〇月

知っておきたい用語（本文中に出てこなかったもの）

遺留分権利者……遺留分を受ける権利を有する者で、兄弟姉妹以外の相続人のこと
換価分割……遺産の全部または一部を処分して、その対価を分配する方法のこと
協議分割……共同相続人の協議によって決める分割方法のこと
均分相続……同順位の血族相続人が数人いるときの各人の相続分は均等であること
現物分割……個々の遺産を、その形態を変えることなくそのまま各相続人に配分する方法のこと
死因贈与……贈与者の死亡によって効力が生じる贈与のこと
指定分割……遺言で指定する分割方法のこと
審判分割……家庭裁判所の審判に従って分割を行う方法のこと
代償分割……特定の相続人が遺産を相続する代わりに、その者の固有の財産をほかの相続人に支払う方法のこと
調停分割……協議が整わない場合、家庭裁判所に申し立てて同裁判所の調停により分割を行うこと

特定受遺者………特定遺贈を受ける者のこと
特別縁故者………被相続人と生計をともにしていた者、療養看護に努めた者等のこと
特別受益者………被相続人から遺贈を受けたり、生前に結婚費用や生計の資本として金銭や不動産などを贈与してもらった人のこと
配偶者居住権……夫婦の一方が亡くなった場合、残された配偶者が亡くなった者の所有する建物に無償で居住できる権利のこと
行為能力…………法律行為を単独で確定的かつ有効に行う能力のこと。年金や審判の有無といった形式的な基準により判断される
遺産分割の方法…現物分割・換価分割・代償分割の三つがある
共同遺言禁止……夫婦共同での遺言は、相続人個別の意思表示に反するため無効である
再代襲相続………代襲者が相続開始以前に死亡または相続権を失っているときは、その直系尊属が順次相続人となる
身上配慮義務……本人の心身の状態および生活の状況に配慮する義務をいう
同時死亡の推定…複数の人が何らかの原因で死亡し、その死亡時期の前後が不明な場合、同時に死亡したものと推定する規定

もめない遺産相続、失敗しない遺言

著者 杉村政昭

2025年4月5日 初版発行

杉村政昭（すぎむら・まさあき）
ファイナンシャルプランナー、宅地建物取引士、不動産鑑定士。石川県金沢市生まれ。神戸大学経済学部中退。三井信託銀行に勤務し、主席財産コンサルタントとして遺言相続関係の相談業務に従事。退職後、TAC資格学校講師、明海大学講師、カルチャーセンター講師等を務め、現在に至る。著書に『遺言・相続早わかり』『知って得する遺言と相続』（ともに三草書院）『相続・遺言・遺言執行・成年後後見制度』（FP工房研究所）がある。

発行者 佐藤俊彦
発行所 株式会社ワニ・プラス
〒150-8482
東京都渋谷区恵比寿4-4-9 えびす大黒ビル7F
発売元 株式会社ワニブックス
〒150-8482
東京都渋谷区恵比寿4-4-9 えびす大黒ビル
装丁 橘田浩志（アティック）
柏原宗績
DTP 株式会社ビュロー平林
印刷・製本所 大日本印刷株式会社

ISBN 978-4-8470-6229-2
ワニブックスHP https://www.wani.co.jp